Milch

niederrheinische Küche

www.komet-verlag.de
Gesamtherstellung: KOMET Verlag GmbH, Köln

ISBN -10: 3-89836-597-2
ISBN -13: 978-3-89836-597-0

Meine niederrheinische Küche

Eine Auswahl typischer Kochrezepte vom Niederrhein

Inhalt

Seite

Niederrheinische Küche

Der Niederrheiner, am besten charakterisiert von dem leider allzu früh verstorbenen Kabarettisten Hanns Dieter Hüsch, ist auch Rheinländer, aber doch so ganz anders als der Kölner Leichtfuß. So ist ihm zum Beispiel das Kölner „Strunzen“ fremd. Deswegen heißt der Kölsche Kaviar bei ihm schlicht ‚Flönz‘. Für den nicht hier beheimateten sei erklärt: In beiden Fällen handelt es sich schlicht und einfach um ein großes Stück geräucherte Blutwurst, die mit rohen Zwiebelringen und viel Mostert (so heißt hier der Senf), einem, Röggelchen (Roggenbrötchen) und einem obergärigen Altbier genossen wird. Das Düsseldorfer Altbier heißt im Übrigen in Köln ‚Kölsch‘ und stellt eine helle Variante des selben Getränks dar. Das Düsseldorfer Bier ist dunkel, sehr herb und würzig, das Kölner Bier ist hell und die etwas lieblichere Genussvariante. Sie gilt als besonders süffig – dies merkt man nicht zuletzt im Kölner Karneval.

Zum Abschluss trinkt der Niederrheiner gern einen Korn wegen der besseren Verdauung. In Düsseldorf gibt es eine besondere Variante: den Samtkragen. Hierbei handelt es sich um einen Korn, dem ein Schuss starker Magenbitter, am besten Boonekamp, beigefügt wurde. Er muss geschickt eingeschenkt werden, denn nur so entsteht das Bild des schwarz-braunen Kragens auf klarem Korn. Leider befindet sich diese regionaltypische Spezialität kurz vor dem Aussterben. Versuchen Sie ihn einmal in der Düsseldorfer Altstadt im „Füchschen“ oder gegenüber vom „Uerigen“, in „Buschs Probierstuben“, dort erhalten Sie ihn absolut authentisch. Allerdings sollten Sie vorher etwas gegessen haben, zum Beispiel ein leckeres ‚Käseföttchen‘ oder auch ‚Halver Hahn‘ genanntes Käsebrötchen mit mittelaltem Holländer und auch wieder reichlich Mostert. Am besten sind die im Düsseldorfer „Uerigen“.

Überhaupt Mostert alias Senf. Düsseldorf hat nicht nur Schicki-Micki und die Prachtmeile Kö zu bieten, was die Qualität und die Auswahl anbelangt, ist die Landeshauptstadt eine Hochburg des scharfen Genusses. Begonnen beim Löwensenf extrascharf, der dem Konsumenten die Tränen in die Augen treibt und weltweit seinesgleichen sucht, bis hin zum würzigen, um vieles milderen Senf der Witwe Bergrath, Gott habe sie selig!

Frisch vom Fass abgefüllt gibt es die vielfältigen Düsseldorfer Senfspezialitäten übrigens in einem kleinen, aber in seiner Art einzigartigen Gewürzlädchen in der Düsseldorfer Altstadt, in der Mertensgasse 25, inklusive liebenswürdiger Bedienung. Allein schon der Geruch beim Betreten des seit über 100 Jahren unverändert existierenden Lädchens voller Tradition ist überwältigend.

Der Bewohner des Niederrheins hat Durchblick, denn er wohnt auf dem flachen Land mit weiter Aussicht, die allenfalls im Frühjahr

und im Herbst durch niedrig stehende Nebel verschleiert wird, was der Schönheit dieser weiten Landschaft keinen Abbruch tut.
Typisch sind Kopfweiden und Pappelalleen, die zu Wohlstand ausstrahlenden Bauernhöfen führen. Die heimischen Produkte der Viehzucht und des Gemüseanbaus machen die typisch niederrheinische Küche aus: eine deftige Hausmannskost, die man ohne großen Aufwand am eigenen Herd zubereitet oder zu moderaten Preisen in gemütlichen Kneipen und Brauereigaststätten an blank gescheuerten Tischen von einem „Köbes" genannten Kellner serviert bekommt.
Feinere Gerichte oder Rezepte, die über die Grenzen der Region hinaus Geltung gewonnen haben, gibt es kaum. Ausnahme ist der Spargel. Wenn die ersten weißen Spitzen dieses Edelgemüses in den Spargelstädten Straelen oder Walbeck aus der Erde sprießen, beginnt eine Saison für Genießer. Die Gemüsestände auf den Märkten quellen über und preisen die einmalige Qualität. Es gibt kaum ein Restaurant, das dieses Edelgemüse nicht auf der Karte hat.
Seit der Römerzeit, die ihre deutlichen Spuren von Xanten bis nach Köln hinterlassen hat und deren Erbe sorgfältig gepflegt wird, haben viele Stämme und Nationen diese Gegend durchzogen und ihre Spuren hinterlassen. Am besten nachzulesen ist dies in Zuckmayers „Des Teufels General", wo eben jener General einem niedergeschlagenem Offizier auf unnachahmliche Weise klar macht, was rheinischer Adel ist.
An dieser Stelle sei nur auf zwei Spezialitäten der unmittelbaren Nachbarländer eingegangen, die am Niederrhein eine neue Heimat gefunden haben. Der Belgier trägt wegen seiner Wertschätzung von Miesmuscheln und Pommes in Frankreich den Spitznamen ‚Moulfrites'. Seine Leidenschaft für dieses einfache, mit einer würzigen Zwiebel-Essig-Sauce zubereitete Gericht, teilen die Niederrheiner, nur ersetzen sie die Pommes frites durch ein derbes, dick mit Butter bestrichenes Schwarzbrot.
Mit dem Holländer teilt der Bewohner des unteren Rheinlaufes seine Liebe zum Hering. Wie dieser bereitet er dem jungen Matjes einen herzlichen Empfang, indem er ihn eingebettet in Zwiebeln und begleitet von Bratkartoffeln genießt. Aber der Hering begleitet den Niederrheiner durchs ganze Jahr: als Stipp, als Brathering und als saurer Hering mit Speck-Zwiebel-Sauce.
Dieses kleine Buch soll dazu dienen, Sie mit dieser sympathisch deftigen, einfachen aber auch reichhaltigen Küche einer kulinarisch wenig bekannten Landschaft bekannt zu machen. Wir wünschen Ihnen viel Freude beim Nachkochen der Rezepte und guten Appetit!

Suppen, Vorspeisen und kleine Snacks

Zucchinicremesuppe

2 kg Zucchini
2 Knoblauchzehen
1 El Öl
400 ml Hühnerbrühe
Salz
Pfeffer
Muskatnuss
100 Bauchspeck
250 ml Sahne
150 g Schmand
2 El frisch gehackte Petersilie

Die Zucchini putzen, waschen, mit einem Löffel die Kerne entfernen und das Fruchtfleisch in Scheiben schneiden. Die Knoblauchzehen schälen und fein hacken. Das Öl in einem Topf erhitzen und die Zucchinischeiben mit dem Knoblauch darin unter Rühren 3 Minuten anschmoren. Die Hühnerbrühe zugießen und langsam aufkochen lassen. Topf vom Herd nehmen und die Suppe über Nacht durchziehen lassen.

Am nächsten Tag pürieren und mit Salz, Pfeffer und frisch geriebener Muskatnuss abschmecken. Speck würfeln und in einer Pfanne ohne Fett knusprig rösten. Die Sahne unter die Suppe rühren und aufkochen. Schmand unterheben und mit Petersilie und Speck servieren.

Graupensuppe

1 kg Hühnerklein
1 l Hühnerbrühe
2 Möhren
1 kleine Pastinake
2 Stiele Selleriekraut mit Blättern
1 Zwiebel
2 Gewürznelken
schwarzer Pfeffer aus der Mühle
50 g getrocknete Steinpilze
100 g Graupen
1/2 Bund Petersilie

Das Hühnerklein mit Hühnerbrühe und 1 l Wasser in einen großen Topf geben, zum Kochen bringen und den Schaum von der Oberfläche abschöpfen. Möhren und Pastinake putzen, waschen, schälen und grob zerkleinern. Das Selleriekraut putzen, waschen, trockenschütteln und grob hacken. Die Zwiebel schälen und mit den Gewürznelken spicken. Gemüse und Pfeffer in den Topf geben. Die Suppe bei

mit Hühnerklein

geringer Temperatur und halb geschlossenem Topf etwa 30 Minuten köcheln lassen.
Inzwischen die getrockneten Pilze in eine kleine Schüssel geben, mit 125 ml kochendem Wasser begießen und 30 Minuten quellen lassen. Pilze mit der Einweichflüssigkeit in die Suppe geben, ebenso die Graupen. Die Suppe eine weitere Stunde unter gelegentlichem Umrühren köcheln, bis die Graupen, das Fleisch und die Pilze gar sind. Anschließend das Hühnerklein mit einem Schaumlöffel aus der Suppe nehmen, die Haut und alle Knochen entfernen, das Fleisch in Stücke schneiden und zurück in die Suppe geben. Die Zwiebel entfernen und die Suppe mit den Gewürzen abschmecken. Die Petersilie waschen, trockenschütteln und fein hacken.
Graupensuppe mit Hühnerklein und Petersilie in einer vorgewärmten Terrine servieren.

Ähzezupp met Flöns

200 g getrocknete Schälerbsen
1 Stange Porree
1 Möhre
1 Zwiebel
1 Stück Sellerie
250 g durchwachsener Speck
300 g Kartoffeln
1, 5 l Fleischbrühe
Salz
Pfeffer
1 Tl Majoran
500 g Blutwurst

Die Erbsen am Vorabend in viel kaltem Wasser einweichen.
Am nächsten Tag abgießen und abtropfen lassen. Das Gemüse putzen, waschen bzw. schälen und klein schneiden. Den Speck klein würfeln. Die Kartoffeln schälen, waschen und klein würfeln. Die Brühe erhitzen und die abgetropften Erbsen darin etwa 45 Minuten kochen lassen, anschließend alle anderen Zutaten bis auf Speck und Zwiebeln hineingeben und

weitere 15 Minuten kochen lassen. Inzwischen den Speck in einer Pfanne kross ausbraten, die fein gewürfelte Zwiebel zugeben und glasig dünsten. Alles zur Suppe geben. Die Suppe mit Salz, Pfeffer und Majoran abschmecken und mit gebratener Blutwurst servieren.

Lauchsuppe

6 Stangen Lauch
1/2 Knoblauchzehe
50 g Butter
1 El Mehl
750 ml Gemüsebrühe
200 ml Weißwein
Salz
Pfeffer
1 El Senf
1 Tl zerdrückte Pfefferkörner
350 ml Sahne
2 Eigelb
2 Tl Zucker

Den Lauch putzen, gründlich waschen und 4 Stangen in Ringe schneiden. Knoblauch schälen und fein hacken. 25 g Butter in einem Topf erhitzen und den Lauch mit dem Knoblauch darin einige Minuten glasig schmoren. Nach etwa 10 Minuten das Mehl unterrühren und unter Rühren Brühe und Wein angießen. Die Suppe etwa 30 Minuten köcheln, dann noch 15 Minuten ruhen lassen. Suppe durch ein Sieb streichen. Restliche Lauchstangen sehr fein hacken und in der Suppe etwa 5 Minuten garen. Salz, Pfeffer, Senf und den zerdrückten Pfeffer dazugeben und die restliche Butter einrühren. Topf vom Herd nehmen. Die Sahne mit den Eigelb verquirlen und hinzugeben. Nach Bedarf mit Zucker abschmecken.

Linsensuppe

300 g braune Linsen
1 Möhre
2 Zwiebeln
6 Kartoffeln
1 Stange Porree
150 g durchwachsener Speck mit Schwarte
2 El gehackte Petersilie
1 1/2 l Gemüsebrühe
Salz, Pfeffer
1–2 Tl getrocknetes Bohnenkraut
3 El Weißweinessig
1 Tl Zucker
6 Frankfurter Würstchen
3 El Schmand
1 El Senf
1 El gehackter Schnittlauch

Die über Nacht in kaltem Wasser eingeweichten Linsen abgießen. Möhre schälen, waschen und in Scheiben schneiden. Zwiebeln schälen und fein würfeln. Kartoffeln schälen, waschen und klein würfeln. Porree putzen, gründlich waschen und in feine Ringe schneiden. Speckschwarte abschneiden. Speck fein würfeln und in einer Pfanne ohne Fett kross ausbraten. Herausnehmen und auf Küchenpapier abtropfen lassen. Im Speckfett die

süß-sauer

Zwiebeln glasig dünsten. Möhren, Petersilie und Linsen dazugeben. Gemüsebrühe hinzugießen und Speckschwarte dazugeben. Mit Salz, Pfeffer und Bohnenkraut würzen und bei geringer Hitze etwa 45 Minuten köcheln lassen. Nach 20 Minuten die Kartoffelwürfel dazugeben. Wenn die Kartoffeln gar sind, die Suppe mit Essig, Zucker, Salz und Pfeffer süß-sauer abschmecken. Die Würstchen in der Linsensuppe etwa 10 Minuten erhitzen. Schmand mit Senf verrühren. Die Linsensuppe mit etwas Senfschmand anrichten und mit Schnittlauch bestreut servieren.

Rheinische Biersuppe

600 ml Altbier
1 Zimtstange
abgeriebene Schale einer unbehandelten Zitrone
4 Scheiben Weißbrot
2 El Butter
4 Eigelb
80 g Zucker
250 ml Sahne

Das Bier mit Zimt und Zitronenschale in einen Topf geben und erhitzen, aber nicht aufkochen. Das Weißbrot entrinden und würfeln. Butter in einer Pfanne erhitzen und die Brotwürfel darin knusprig goldbraun rösten. Eigelb mit Zucker und Sahne verquirlen und im Wasserbad schaumig schlagen. Das erhitzte Bier durch ein Sieb gießen und vorsichtig mit der Eicreme vermischen. Die Biersuppe sofort auf Teller verteilen und mit den Brotwürfeln servieren.

Halver Hahn

4 Röggelchen
Butter
Senf
8 dicke Scheiben mittelalter Gouda
4 kleine sauere Gurken
16 Salzstangen
Petersilie zum Garnieren

Die Röggelchen (kleine Roggenbrötchen) aufschneiden, dick mit Butter und anschließend je nach Geschmack mit viel Senf bestreichen. Den Käse auf den bestrichenen Brötchenhälften verteilen. Die belegten Brötchenhälften auf Tellern anrichten. Die sauren Gurken in Scheiben schneiden und mit den Salzstangen dazulegen. Die Petersilie waschen und trockenschütteln. Etwas Petersiliengrün von den Stielen zupfen und den Halven Hahn damit garnieren.

Bohnen-Speck-Eintopf

500 g weiße Bohnen
500 g geräucherter Speck
500 g Kartoffeln
2 Zwiebeln
2 El Öl
1 Tl getrockneter Majoran
Salz
Pfeffer
2 El frisch gehackte Petersilie

Die Bohnen waschen und über Nacht in reichlich Wasser einweichen. Am nächsten Tag mit dem Einweichwasser in einen Topf geben und etwa 40 Minuten garen. Den Speck in Würfel schneiden, die Kartoffeln schälen und ebenfalls würfeln. Nach 20 Minuten Garzeit die Kartoffeln zu den Bohnen geben. Die Zwiebeln schälen und klein schneiden. Das Öl in einer Pfanne erhitzen und den Speck darin einige Minuten braten. Zwiebeln hinzufügen und leicht bräunen. Beides nach der Garzeit in den Eintopf rühren. Mit Majoran, Salz und Pfeffer würzen und mit Petersilie garniert servieren.

Buchweizen-Pfannkuchen

1/2 El Malzkaffee
25 g Rosinen
125 Buchweizenmehl
1 Tl Backpulver
1 Ei
100 g Zucker
5 El Butterschmalz

Den Malzkaffee mit 125 ml heißem Wasser aufbrühen. Die Rosinen heiß waschen und in einem Sieb abtropfen lassen. Das Mehl mit dem Backpulver mischen und mit dem Kaffee verrühren. Das Ei darunter rühren, bis ein dickflüssiger Teig entsteht. Den Zucker und die Rosinen unterheben.

1 El Butterschmalz in einer Pfanne erhitzen und aus dem Teig portionsweise knusprige kleine Pfannkuchen backen. Die Buchweizen-Pfannkuchen mit Rübenkraut, Marmelade oder gebratenen Mettwurstscheiben servieren.

Gefülltes Brot

3 Eier
200 g Champignons
1 Bund Petersilie
1 Bund Dill
2 Zwiebeln
1 Knoblauchzehe
1 rote Peperoni
200 g Gouda
200 g Doppelrahm-frischkäse
Salz
Pfeffer
je 1/2 Tl gerebelter Thymian, Oregano
1 Stangenweißbrot

Die Eier in kochendem Wasser etwa 10 Minuten garen, herausnehmen, abschrecken und abkühlen lassen. Die Champignons putzen, feucht abreiben und in Scheiben schneiden. Petersilie und Dill waschen, trocknen und hacken. Zwiebeln und Knoblauch schälen und fein hacken. Die Peperoni putzen, waschen, entkernen und fein würfeln. Gouda in Würfel schneiden. Die Eier schälen, halbieren, das

Eigelb herauslösen und zerdrücken. Den Backofen auf 225 °C (Umluft 200 °C) vorheizen. Frischkäse mit Käse, Eigelb, Pilzen, Kräutern, Zwiebeln, Knoblauch und Peperoni mischen. Mit Salz, Pfeffer und den Kräutern würzen.

Das Stangenbrot quer halbieren und aushöhlen. Mit der Käsemasse füllen und wieder zusammensetzen. Das Brot in Alufolie wickeln und im Backofen etwa 20 Minuten backen. Heiß servieren und knackigen Salat dazu reichen.

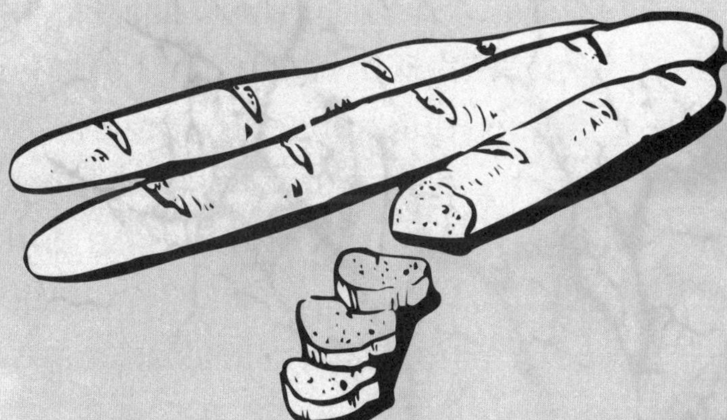

Gefüllte Pfannkuchen

- 450 ml Milch
- 300 g Mehl
- 3 Eier
- Salz
- Pfeffer
- 1 Prise Muskat
- 1 Zwiebel
- 3 El Butterschmalz
- 300 g Hackfleisch
- 1 El frisch gehackte Petersilie
- 1 El Tomatenmark

Aus Milch, Mehl und Eiern einen Pfannkuchenteig rühren und mit Salz, Pfeffer und Muskat würzen. Den Teig 10 Minuten ruhen lassen. Die Zwiebel schälen und fein hacken. 1 Esslöffel Butterschmalz in einer Pfanne erhitzen. Die Zwiebel darin glasig dünsten. Das Hackfleisch hinzufügen und gut durchbraten. Würzen, dann Petersilie und Tomatenmark unterrühren und weitere 3 Minuten schmoren. Restliches Butterschmalz in einer Pfanne erhitzen und aus dem Teig 4 bis 6 goldbraune Pfannkuchen backen. Aus der Pfanne nehmen, mit Küchenpapier abtupfen und mit der Hackfleischmasse belegen. Dann zusammenrollen. Nach Belieben die Pfannkuchen in Scheiben schneiden und kalt servieren oder ganz lassen und mit Salat als Hauptgericht reichen.

Speckpfannkuchen

300 g Mehl
500 ml Milch
4 Eier
Salz
Pfeffer
Muskatnuss
400 g durchwachsener Speck
Öl zum Braten

Das Mehl mit der Milch in einer Schüssel glatt verrühren. Die Eier nacheinander darunter schlagen. Den Pfannkuchenteig mit Salz, Pfeffer und etwas frisch geriebener Muskatnuss abschmecken. Den Speck in dünne Scheiben schneiden. Einige Scheiben in einer Pfanne in Öl anbraten. Etwas von dem Teig darüber geben und alles von beiden Seiten zu einem goldgelben Pfannkuchen backen. Herausnehmen und warm halten. Die Speckscheiben und den Pfannkuchenteig nacheinander zu goldgelben Pfannkuchen backen. Dazu schmeckt ein frischer grüner Salat mit Sahnesauce.

Gemüse und Kartoffeln

Salat unternander

1 kg Kartoffeln
Salz
250 g Schinkenspeck
1 Tl gekörnte Brühe
1 Kopf Endiviensalat
1 große Zwiebel
4 El Weinessig
4 El Öl
Pfeffer
250 ml Milch
Muskat

Die Kartoffeln waschen und in wenig gesalzenem Wasser etwa 20 Minuten garen. Den Speck in kleine Würfel schneiden, in einer Pfanne knusprig braten, mit 125 ml Wasser ablöschen, Brühe einrühren und alles etwa 15 Minuten köcheln. Den Salat putzen, waschen, trockenschleudern und in feine Streifen schneiden. Die Zwiebel schälen und in kleine Würfel schneiden: Aus Zwiebel, Essig, Öl, Salz und Pfeffer eine Marinade rühren und über den Salat gießen. Die Kartoffeln abgießen, etwas auskühlen lassen, pellen und zerstampfen. Die Milch erhitzen und mit den Kartoffeln verrühren. Den Speck zugeben und das Püree mit Salz, Pfeffer und Muskat würzen. Den Endiviensalat unmittelbar vor dem Servieren unter das Püree ziehen. Dazu gebratene Blutwurst reichen.

Schnibbelkuchen

6 Eier
250 g Mehl
Milch
Salz
2 El Butterschmalz
250 g Kartoffeln
Pfeffer
250 g Feldsalat
1 Schalotte
2 El Weinessig
3 El Öl

Die Eier mit Mehl zu einer festen Masse verrühren. So viel Milch hinzufügen, dass ein geschmeidiger Eierkuchenteig entsteht. Salzen. Die Kartoffeln waschen, schälen und raspeln. Anschließend die Kartoffelraspel zum Teig geben und unterrühren. Mit Pfeffer und Salz würzen und den Schnibbelkuchen bei mittlerer Temperatur in Butterschmalz goldbraun braten. Vorsichtig wenden. Den

mit Feldsalat

Salat verlesen, waschen und abtropfen lassen. Schalotte schälen und fein hacken. Aus Essig, Öl, Schalotten, Salz und Pfeffer ein Dressing rühren und über den Salat geben. Schnibbelkuchen in vier Teile schneiden und mit dem Feldsalat servieren.

Rievkooche

1 kg Kartoffeln
1 Zwiebel
3 Eier
100 g Mehl
100 g Semmelbrösel
Salz
Schweineschmalz
oder Öl zum Braten

Kartoffeln schälen, waschen und auf einer nicht zu feinen Reibe reiben. Die geriebenen Kartoffeln in ein Sieb geben und abtropfen lassen, dabei die Flüssigkeit auffangen. Die im Kartoffelwasser abgesetzte Stärke wieder zu den Kartoffeln geben. Zwiebel schälen, fein reiben, zu den Kartoffeln geben und darunter heben. Eier, Mehl und Semmelbrösel ebenfalls zu den Kartoffeln geben und alles miteinander vermischen. Abschmecken. In einer schweren Pfanne das Schweineschmalz oder Öl erhitzen. Mit einem Esslöffel kleine Teighäufchen in das Fett setzen und flach drücken. Sie sollten ganz dünn sein. Auf beiden Seiten knusprig braun braten, auf Küchenpapier etwas abtropfen lassen. Rievkooche am besten sofort servieren. Möglichst nicht warm halten, damit sie schön knusprig bleiben. Am besten mit Apfelkompott und Schwarzbrot servieren.

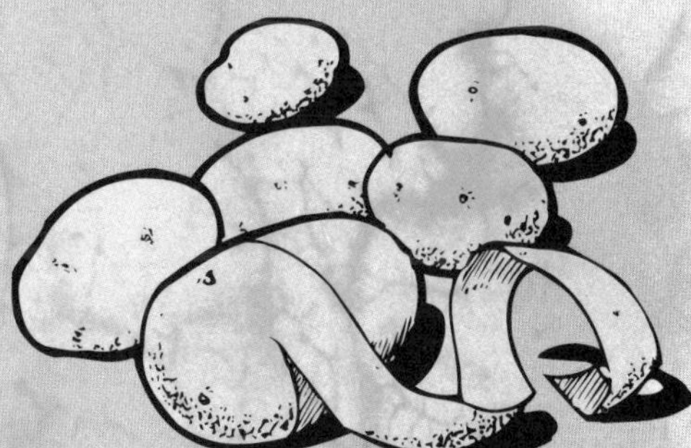

Überbackener Spinat

1,5 kg Spinat
30 g Butter
1 Zwiebel
1 Knoblauchzehe
Salz
Pfeffer
frisch geriebene Muskatnuss
4 El Weißwein
100 g frisch geriebener Parmesan

Den Spinat verlesen, putzen und waschen. Zwiebel schälen und würfeln. Butter schmelzen, Zwiebelwürfel und zerdrückte Knoblauchzehe darin andünsten. Tropfnassen Spinat zugeben und zugedeckt etwa 8 Minuten dünsten lassen. Den Backofen auf 200 °C (Umluft 180 °C) vorheizen. Spinat mit Salz, Pfeffer und Muskat würzen. Den Wein hinzufügen und weitere 5 Minuten dünsten lassen. Spinat in eine flache, feuerfeste Form geben und mit dem Käse bestreuen. Im Ofen etwa 35 Minuten überbacken. Als Beilage zu Fisch- oder Fleischgerichten servieren.

Rheinberger Jägerkohl

750 g Weißkohl
150 g durchwachsener Speck
1 Zwiebel
350 g gemischtes Hackfleisch
Salz
Pfeffer
250 ml Gemüsebrühe
1 Tl gemahlener Kümmel
500 g Kartoffeln

Den Weißkohl putzen, waschen, harte Strünke herausschneiden und den Kohl hobeln. Speck fein würfeln und in einer Pfanne ohne Fett auslassen. Zwiebel schälen, hacken und im Speckfett glasig dünsten. Dann das Hackfleisch zugeben und gut durchbraten. Mit Salz und Pfeffer würzen. Den Kohl zugeben und die Brühe angießen. Kümmel unterrühren. Den Kohltopf bei mittlerer Temperatur abgedeckt garen. Die Kartoffeln waschen, schälen und in Scheiben schneiden, nach 20 Minuten Garzeit zum Kohl geben und alles weitere 20 Minuten schmoren.

Dicke Bohnen

500 g frische dicke Bohnen (mit Schale etwa 2,5 kg) ersatzweise 250 g getrocknete Bohnen, über Nacht eingeweicht
400 g durchwachsener Speck
2 Zwiebeln
30 g Butterschmalz
400 ml Gemüsebrühe
1 Stiel Bohnenkraut
Salz
Pfeffer
100 ml Sahne

Die Bohnen palen und waschen, dann abtropfen lassen. Den Speck in dünne Scheiben schneiden. Die Zwiebeln schälen und hacken. Das Butterschmalz in einer großen Pfanne zerlassen und die Speckscheiben darin knusprig braten. Dann die Zwiebeln zugeben und mitbraten. Nach etwa 3 Minuten die dicken Bohnen in die Pfanne geben

mit Speck

und mit Speck und Zwiebeln noch eine Minute schmoren. Mit Gemüsebrühe auffüllen und das Bohnenkraut hineingeben. Mit Salz und Pfeffer würzen und bei geschlossenem Deckel etwa 30 Minuten köcheln (getrocknete Bohnen etwa 45 Minuten). Nach der Hälfte der Kochzeit die Sahne unterrühren.

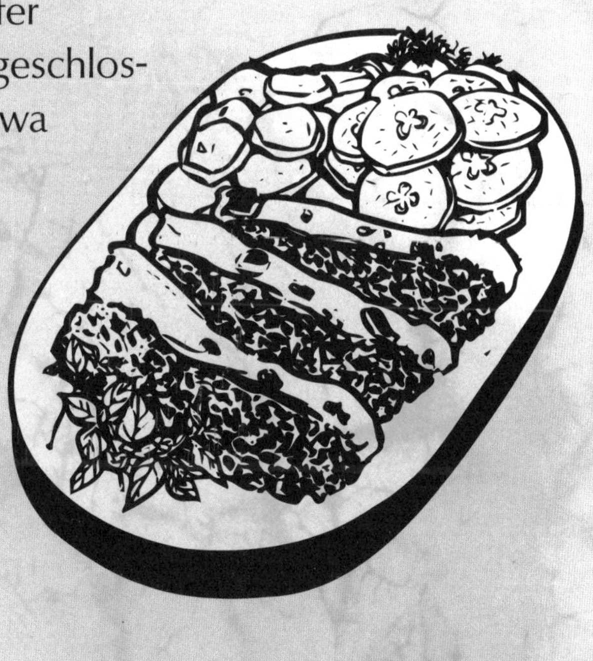

Schwarzwurzelgemüse

1,5 kg Schwarzwurzeln
Salz
2 Tl Zitronensaft
3 El Butter
40 g Mehl
250 ml Sahne
Pfeffer
1 Prise Zucker

Die Schwarzwurzeln gut putzen, waschen und schälen, nochmals waschen und in Stücke schneiden. In einem großen Topf reichlich Salzwasser zum Kochen bringen und die Schwarzwurzeln mit 1Teelöffel Zitronensaft hineingeben. Etwa 15 Minuten bissfest garen. Wurzeln abgießen, etwas Kochwasser auffangen. Die Butter in einem Topf zerlassen und mit dem

Mehl unter Rühren eine Mehlschwitze herstellen. Das Kochwasser angießen und die Sauce binden. Sahne hinzufügen und die Sauce mit Salz, Pfeffer, Zucker und Zitronensaft abschmecken. Schwarzwurzelgemüse mit gekochtem Schinken, Schnitzel oder Frikadellen und Kartoffeln servieren.

Grünkohl

1,5 kg Grünkohl
250 ml Gemüsebrühe
2 Zwiebeln
150 g geräucherter Speck
40 g Butterschmalz
40 g Mehl
200 ml Sahne
Salz
Pfeffer
frisch geriebene Muskatnuss

Den Grünkohl verlesen, putzen, die dicken Rippen herausschneiden. Den Grünkohl waschen und in einem Sieb abtropfen lassen. Anschließend in feine Streifen schneiden. Die Gemüsebrühe erhitzen und den Grünkohl darin bei mittlerer Temperatur etwa 30 Minuten köcheln. Die Zwiebeln schälen und in Würfel schneiden, den Speck ebenfalls würfeln. Das Butterschmalz in

bürgerlich

einem großen Topf zerlassen und Zwiebel- sowie Speckwürfel etwa 3 Minuten darin anschmoren. Das Mehl darüber streuen, unter Rühren aufkochen lassen und dann die Sahne dazugießen. Den Grünkohl abgießen, wenig Kochwasser zurückbehalten und mit dem Kohl unter die Sahne-Mischung in der Pfanne rühren, einmal aufkochen. Mit den Gewürzen gut abschmecken. Den Grünkohl mit gekochten Kartoffeln mischen und mit Mettwürsten servieren.

Gefüllte Kohlrabi

4 Kohlrabi
250 g Schweinemett
2 Eier
2 El Paniermehl
Salz
Pfeffer
250 ml Hühnerbrühe
1/2 El Speisestärke
200 ml saure Sahne
1 Tl gemahlene Muskatnuss
2 El frisch gehackte Petersilie

Die Kohlrabi putzen, schälen und in kochendem Salzwasser etwa 8 Minuten garen. Herausnehmen und abtropfen lassen. Oben einen Deckel abschneiden und die Kohlrabi mit einem Löffel aushöhlen. Die Masse klein hacken. Das Schweinemett mit den Eiern, Paniermehl, Kohlrabimasse mischen und mit Salz und Pfeffer würzen. Die Füllung in die Kohlrabi geben und das Gemüse in einen größeren

Topf setzen. Die Brühe angießen und die Kohlrabi abgedeckt noch etwa 15 Minuten garen. Kohlrabi aus dem Topf nehmen und warm stellen. Die Speisestärke in die saure Sahne rühren und den Kochfond damit binden. Mit Muskat abschmecken und Petersilie unterrühren. Dazu Salzkartoffeln reichen.

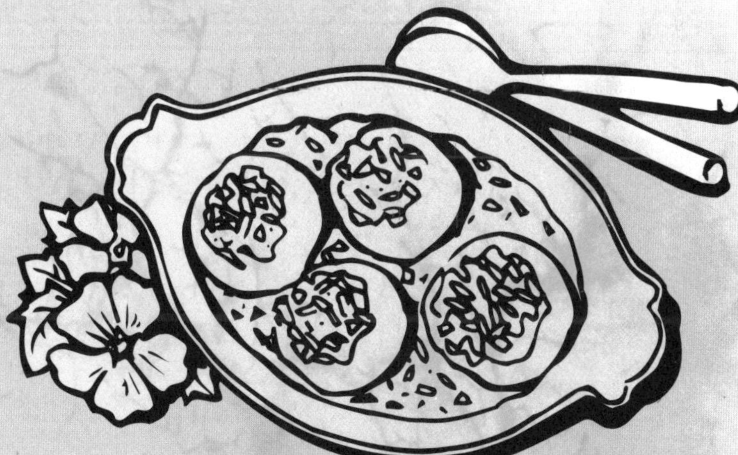

Überbackener Spargel

2 kg Spargel
1 El Salz
1 El Zucker
1 Tl Butter
5 El Pflanzenöl
300 g frisch geriebener Emmentaler

Den Spargel schälen, waschen und die holzigen Enden abschneiden. In einem großen Topf reichlich Wasser mit Salz, Zucker und Butter zum Kochen bringen und den Spargel darin etwa 15 Minuten bissfest garen. Herausnehmen und abtropfen lassen. Den Backofen auf 220 °C (Umluft 200 °C) vorheizen. Den Spargel auf ein gefettetes Backblech legen oder in mehrere Auflaufformen

aus Walbeck

verteilen. Das Öl darüber träufeln und den Käse darüber streuen. Im Ofen etwa 15 Minuten überbacken, bis der Käse geschmolzen ist. Dazu neue Kartoffeln und Fleisch nach Wahl reichen.

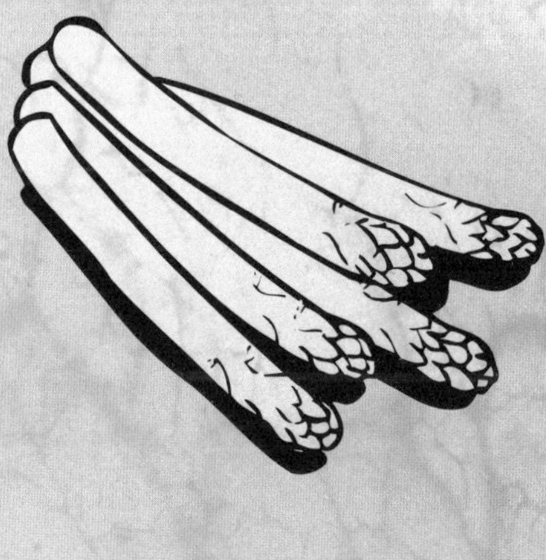

Kräuterspargel

2 Eier
1 kg grüner Spargel
Salz
Zucker
1 Tl Butter
je 1 Bund Petersilie und Schnittlauch
1 Packung Kräuter für Frankfurter Grüne Sauce
1 Zwiebel
1 Knoblauchzehe
1 Gewürzgurke
Saft und abgeriebene Schale von 1/2 unbehandelten Zitrone
125 ml saure Sahne
2 El mittelscharfer Senf
Pfeffer

Die Eier hart kochen. Abschrecken, pellen und fein hacken. Den Spargel putzen, waschen, das untere Drittel schälen und den Spargel in Salzwasser mit etwas Zucker und Butter etwa 12 Minuten bissfest garen. Die Kräuter verlesen, putzen, waschen, trockenschütteln und fein hacken. Die Zwiebel und die Knoblauchzehe schälen. Zwiebel, Knoblauch und Gewürzgurke fein würfeln. Zitronensaft und -schale mit der sauren Sahne mischen.

Kräuter, Eier, Zwiebel, Knoblauch, Gewürzgurke und Senf unterrühren und mit Salz und Pfeffer abschmecken. Spargel mit Kräutersauce passt zu Reibekuchen.

Gebackenes

2 Sellerieknollen
50 g Mehl
2 Eier
Salz
Pfeffer
150 g Paniermehl
1 El Zitronensaft
5 El Öl

Die Sellerieknollen putzen, schälen und in etwa 1 cm dicke Scheiben schneiden. In einem Topf Wasser zum Kochen bringen und die Selleriescheiben darin etwa 3 Minuten blanchieren. Herausnehmen, kalt abschrecken und abtropfen lassen. Das Mehl auf einen Teller geben. Die Eier verquirlen, würzen und auf einen zweiten Teller geben. Das Paniermehl ebenfalls auf einen Teller

Gemüseschnitzel

geben. Die Selleriescheiben mit Zitronensaft beträufeln und nacheinander in Mehl, Eiern und Paniermehl wenden.
Das Öl in einer Pfanne erhitzen und die panierten Sellerieschnitzel nacheinander darin goldbraun ausbacken. Mit Kartoffelsalat servieren.

Rheinischer Kartoffelkuchen

- 1,5 kg Kartoffeln
- 3 Zwiebeln
- 1 Knoblauchzehe
- 150 g Dörrfleisch
- 250 g Fleischwurst
- 4 Eier
- Salz
- Pfeffer
- 3 El Öl

Die Kartoffeln waschen, schälen und reiben. In einem Sieb gut ausdrücken. Das Wasser auffangen, sodass sich die Kartoffelstärke absetzen kann. Die Zwiebeln und den Knoblauch schälen und in Ringe schneiden bzw. fein hacken. Das Dörrfleisch in Scheiben schneiden, die Fleischwurst würfeln. Den Backofen auf 200 °C (Umluft 180 °C) vorheizen. Eine Auflaufform mit 1 El Öl einfetten und mit den Dörrfleisch-

(Döppekooche)

scheiben auslegen. Die Kartoffeln mit den Fleischwurstwürfeln, Zwiebeln, Knoblauch und der Kartoffelstärke mischen und darauf verteilen. Die Eier verquirlen und mit Salz und Pfeffer würzen. Den Kartoffelkuchen mit restlichem Öl beträufeln und im Ofen etwa 60 Minuten backen. Dazu Salat reichen.

Himmel un Ääd

1 kg mehlige Kartoffeln
Salz
1 Lorbeerblatt
1 kg säuerliche Äpfel
250 ml Apfelsaft
Saft von 1 Zitrone
2 El Zucker
3 Zwiebeln
1 El Öl
250 ml Milch
50 g Butter
Muskatnuss
2 El Paniermehl
200 g Blutwurst in Scheiben
1/2 Bund Petersilie
Fett für die Form

Kartoffeln schälen, waschen und in Salzwasser mit dem Lorbeerblatt etwa 25 Minuten garen. Inzwischen die Äpfel schälen, vierteln, entkernen und würfeln. Den Apfelsaft mit dem Zitronensaft, Zucker und Apfelwürfeln 10 Minuten köcheln lassen. Den Backofen auf 200 °C vorheizen. Die Zwiebeln schälen, in Ringe schneiden und in heißem Öl braten. Die Milch mit der Hälfte der Butter erhitzen. Kartoffeln abgießen, Milch hinzufügen und zerstampfen. Mit Salz und Muskat abschmecken. Restliche Butter zerlassen und das Paniermehl darunter rühren. Kartoffelpüree und Apfelkompott in eine gefettete Auflaufform schichten. Blutwurst darauf legen und Zwiebelringe darüber verteilen. Alles im vorgeheizten Backofen bei 200 °C etwa 15 Minuten backen. Die Petersilie waschen, trockenschütteln und fein hacken. Himmel un Äd damit bestreuen. Alternativ das Apfelkompott mit dem Püree vermischen und mit den Zwiebelringen bestreut servieren. Die Blutwurst in Butter braten und separat reichen.

Kartoffelsalat

- 1 kg Kartoffeln
- Salz
- 2 Äpfel
- 2 Zwiebeln
- 3 El Mayonnaise
- 3 El Weißweinessig
- Pfeffer
- Zucker
- 2 El frisch gehackte Petersilie

Die Kartoffeln waschen und in wenig gesalzenem Wasser etwa 20 Minuten garen. Abgießen, abtropfen und abkühlen lassen. Dann pellen und in Scheiben oder Würfel schneiden. Die Äpfel schälen, das Kerngehäuse entfernen und das Fruchtfleisch in Würfel schneiden. Die Zwiebel schälen und fein hacken. Die Kartoffeln mit den Zwiebeln in eine Schüssel geben.

mit Äpfeln

Aus Mayonnaise, Essig, Salz, Pfeffer und Zucker nach Geschmack ein Dressing bereiten und über die Kartoffeln geben. 2–3 Esslöffel heißes Wasser untermischen, dann die Äpfel unterheben. Den Salat mindestens 30 Minuten durchziehen lassen. Dann mit Petersilie bestreut servieren.

Niederrheinischer Kohltopf

750 g Weißkohl
150 g durchwachsener Speck
1 Zwiebel
350 g gemischtes Hackfleisch
Salz
Pfeffer
1/2 El edelsüßes Paprikapulver
250 ml Gemüsebrühe
500 g Kartoffeln

Den Weißkohl putzen, waschen, harte Strünke entfernen, Kohl fein hobeln. Den Speck würfeln und in einer Pfanne auslassen. Die Zwiebel schälen, würfeln und im Speckfett glasig dünsten. Dann das Hackfleisch zugeben und gut durchbraten. Mit Salz, Pfeffer und Paprika kräftig würzen. Den Kohl in die Pfanne geben, die Brühe angießen und alles garen. Die Kartoffeln schälen, waschen und in Scheiben schneiden, nach 20 Minuten Garzeit zum Kohl geben und alles weitere 20 Minuten garen.

Wurst, Fleisch, Geflügel und Wild

Klever Lammtopf

500 g Lammfleisch
3 Zwiebeln
2 Knoblauchzehen
1 kg grüne Bohnen
3 rote Paprikaschoten
50 g durchwachsener Speck
2 El Öl
3 Zweige Bohnenkraut
500 g Kartoffeln
750 g Tomaten
Salz
Pfeffer
3 El frisch gehackte Petersilie

Das Lammfleisch in mundgerechte Würfel schneiden. Zwiebeln und Knoblauch schälen und fein hacken. Die Bohnen und Paprikaschoten putzen, waschen und in Stücke schneiden. Den Speck würfeln. Das Öl in einem Bräter erhitzen und den Speck darin auslassen. Zwiebeln und Knoblauch kurz anschmoren, dann die Bohnen hineingeben, darauf Paprikastücke, Fleischwürfel und Bohnenkraut geben. Etwa 250 ml Wasser angießen und alles ca. 40 Minuten abgedeckt garen. Kartoffeln waschen, schälen und in Scheiben schneiden, Tomaten waschen, den Stielansatz entfernen und ebenfalls in Scheiben schneiden. Kartoffeln und Tomaten auf den Eintopf legen. Mit Salz und Pfeffer würzen und alles weitere 25 Minuten garen. Den Eintopf einmal durchrühren und mit Petersilie bestreut servieren.

Panhas

250 g Zwiebeln
4 Möhren
250 g Rindfleisch
300 g Schweinebauch
Salz
weißer Pfeffer
1/2 Tl gemahlene Nelken
1/2 Tl Piment
1 Prise Majoran
250 g Buchweizenmehl
60 g Butter

Zwiebeln und Möhren putzen, schälen und in Stücke schneiden. Fleisch, Zwiebeln und Möhren mit Salz und Pfeffer in einem Topf mit 1 1/2 l Wasser zum Kochen bringen und 50 Minuten köcheln lassen. Fleisch aus der Brühe nehmen, durch den Fleischwolf drehen, die Brühe durchsieben und beides wieder in den Topf geben. Mit Salz, Pfeffer, Nelken, Piment und Majoran würzen, kurz aufkochen lassen und das Buchweizenmehl unter

Rühren dazugeben. 15 Minuten unter ständigem Rühren kochen. Die Masse soll so fest sein, dass sie sich vom Topf lösen lässt. Masse in eine mit Pergamentpapier ausgelegte Kastenform füllen und auskühlen lassen. Fleischmasse aus der Form heben und in 1 cm breite Scheiben schneiden. Die Scheiben werden dann in der Pfanne von beiden Seiten goldbraun gebraten und auf Bauernbrot serviert.

Bratwürste in Pfefferkuchensauce

4 grobe Bratwürste, je ca.150 g
30 g Mehl
4 El Öl
250 ml helles Bier
125 ml Milch
2 El geriebene Pfefferkuchen
Salz
Pfeffer
1 Prise Zucker
1 El Zitronensaft

Die Bratwürste in eine Schüssel geben und mit 250 ml kochendem Wasser überbrühen. Herausnehmen und mit Küchenpapier trockentupfen, mit einer Gabel rundherum mehrmals einstechen. Das Mehl auf einen Teller geben und die Bratwürste darin wenden, sodass sie gut mit Mehl bedeckt sind. Das Öl in einer Pfanne erhitzen und die Bratwürste darin etwa 5 Minuten braun braten.

(Tütthässen Drecke)

Die Hälfte des Bieres angießen und etwa 20 Minuten köcheln, bis die Flüssigkeit fast verkocht ist. Das restliche Bier und die Milch hinzufügen und den Bratfond loskochen. Pfefferkuchen einrühren und alles weitere 3 Minuten bei schwacher Hitze köcheln.

Die Sauce mit Salz, Pfeffer, Zucker und Zitronensaft abschmecken. Bratwürste mit Kartoffelpüree und Salat servieren.

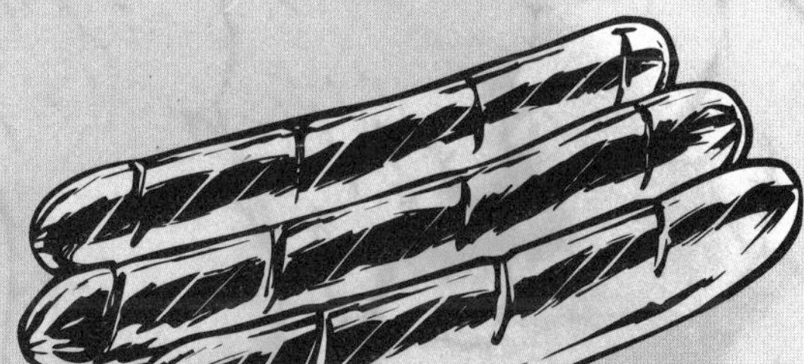

Düsseldorfer

4 Rumpsteaks (à 180 g)
2 Zwiebeln
Mehl
süßer Senf
Salz
Pfeffer
Butterschmalz

Die Rumpsteaks sehr dünn klopfen. Die Zwiebeln schälen und in sehr feine Würfel schneiden. Die Zwiebelwürfel mit so viel Mehl bestäuben, dass sie nicht mehr feucht sind. Anschließend so viel Senf hinzugeben, dass eine dicke Masse entsteht. Die Steaks von beiden Seiten mit Salz und Pfeffer würzen und von einer Seite mit der Senf-Zwiebel-Masse bestreichen. Die bestrichene

Senfrostbraten

Seite noch einmal in Mehl legen. Etwas Butterschmalz in einer Pfanne stark erhitzen, das Fleisch mit der bestrichenen Seite zuerst hineingeben und etwa 1 Minute braten. Steaks vorsichtig wenden und noch einmal etwa 2 Minuten braten. Herausnehmen und mit Bratkartoffeln und Salat servieren.

Bierschinken

1 kg leicht gesalzener Schweineschinken
2 Zwiebeln
1 1/2 Flaschen Dunkelbier
40 g Margarine
40 g Mehl
250 ml Bratfond
1 Prise zerstoßener Kümmel
1 Prise schwarzer Pfeffer
1 Prise weißer Pfeffer
eventuell Salz

Den Backofen auf 200 °C (Umluft 180 °C) vorheizen. Den Schinken auf den Bratrost legen. Die Zwiebeln schälen, in Ringe schneiden und auf den Schinken legen. Den Bratrost über die Fettpfanne schieben und den Schinken mit 1 Flasche Bier begießen. Im Ofen etwa 1 Stunde 30 Minuten bis 2 Stunden backen. Nach und nach das restliche Bier über den Schinken gießen. Die Margarine in einem Topf erhitzen. Das Mehl einrühren und darin anschwitzen. Mit 250 ml Wasser ablöschen. Den Bratfond loskochen und durch ein Sieb gießen. In die Sauce rühren und mit Kümmel, Pfeffer und eventuell etwas Salz würzen.

Die Sauce 5 Minuten kochen lassen. Den Bierschinken in Scheiben schneiden und mit der Sauce sowie Salzkartoffeln und Rosenkohl servieren.

Gefülltes Kaninchen

1,5 l trockener Weißwein
5 zerdrückte Wacholderbeeren
2 Lorbeerblätter
Salz
10 Pfefferkörner
1 küchenfertiges Kaninchen (ca. 1,5 kg)
100 g Rinderleber
250 g Schweinehack
1 altbackenes Brötchen
200 g Champignons
2 Schalotten
1 Tl Pastetengewürz
1 Tl Rosenpaprika
Pfeffer
3 El Butterschmalz
150 g Bauchspeck
150 g Schmand
1 El Speisestärke
1 Prise Zucker
3 El Cognak
3 El frisch gehackte Petersilie

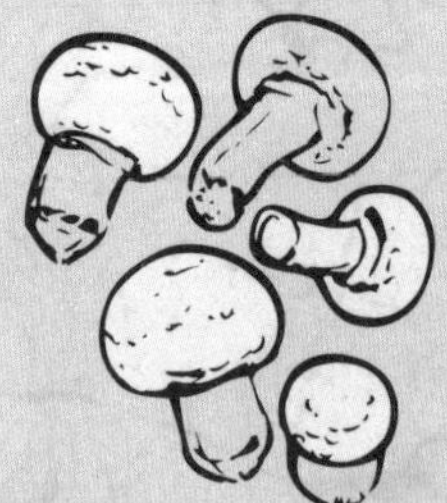

Aus Wein, Wacholderbeeren, Lorbeerblättern, Salz und Pfefferkörnern eine Beize zubereiten und das Kaninchen darin etwa 2 Tage einlegen. Dann das Fleisch aus der Beize nehmen und trockentupfen. Die Leber pürieren und mit dem Hackfleisch mischen. Brötchen in wenig Wasser einweichen. Pilze putzen, feucht abreiben und hacken. Schalotten schälen und hacken. Das Hackfleisch mit Pilzen und Schalotten mischen, das Brötchen ausdrücken und untermengen. Die Füllung mit Pastetengewürz, Paprika, Salz und Pfeffer abschmecken. Den Backofen auf 200 °C (Umluft 180 °C) vorheizen. Das Kaninchen füllen und mit Küchengarn zunähen. Das Butterschmalz in einem Bräter erhitzen und das Kaninchen darin von allen Seiten gut anbraten. Den Speck in dünne Scheiben schneiden und das Fleisch damit bedecken. Ein Drittel der durchgesiebten Beize dazugießen und das Fleisch etwa 60 Minuten im Ofen braten. Zwischendurch mit Beize begießen, bis die Hälfte verbraucht ist. Nach der Garzeit den Speck entfernen, das Fleisch wenden und weitere 30 Minuten braten. Dann aus dem Bräter nehmen. Den Schmand mit der Stärke verrühren und den Bratenfond auffüllen. Die Sauce köcheln und auf die Hälfte reduzieren. Mit Salz, Pfeffer, Zucker und Cognak abschmecken. Kaninchen mit der Sauce und Petersilie bestreut servieren. Dazu Salzkartoffeln reichen.

Schnitzel mit Äpfeln

4 Äpfel
4 Schnitzel
Salz
Pfeffer
2 Tl Senf
2 El Butterschmalz
125 ml Schmand
125 ml saure Sahne
1 Tl getrockneter Majoran

Die Äpfel schälen, das Kerngehäuse entfernen und das Fruchtfleisch in Würfel schneiden. Die Schnitzel dünn klopfen, mit Salz und Pfeffer würzen und mit dem Senf bestreichen. Butterschmalz in einer Pfanne erhitzen und die Schnitzel darin von beiden Seiten 2 Minuten braten. Den Backofen auf 170 °C (Umluft 150 °C) vorheizen. Schnitzel in eine Auflaufform legen. Die Äpfel mit Schmand und Sahne verrühren, Majoran unterheben. Die Sauce über die Schnitzel geben und im Ofen etwa 30 Minuten garen. Mit Kartoffelbrei servieren.

Sauerbraten

1 Zwiebel
250 ml Essig
1 Lorbeerblatt
6 Pfefferkörner
1/2 Tl Senfkörner
1 kg Rindfleisch
60 g Butter
250 ml Fleischbrühe
2 El Kölsch
50 g Pumpernickel
40 g Rosinen
1 El Mehl
4 El Sahne
Salz
Pfeffer

Die Zwiebel schälen und in Ringe schneiden. Essig mit 250 ml Wasser, Lorbeer, Pfeffer- und Senfkörnern in eine große Schüssel geben und das Fleisch hineinlegen, so dass es bedeckt ist. Mindestens 3 Tage abgedeckt in dieser Beize marinieren lassen. Nach der Hälfte der Zeit wenden. Dann herausnehmen, abtupfen und von Häuten und Sehnen befreien. Die Beize durch ein Sieb gießen. Die Butter in einem Schmortopf erhitzen und das Fleisch darin von allen Seiten gut anbraten. Fleischbrühe, Bier und 5 El Beize angießen. Den Topf verschließen und den Sauerbraten etwa 1 Stunde 30 Minuten schmoren. Pumpernickel fein schneiden, die Rosinen mit heißem Wasser übergießen und abtropfen lassen. Beides 10 Minuten vor Ende der Garzeit zum Braten geben. Den Braten aus dem Topf nehmen und auf einer vorgewärmten Platte in Scheiben schneiden. Den Bratenfond mit dem in Wasser angerührten Mehl andicken und mit der Sahne verfeinern. Mit Salz und Pfeffer abschmecken. Sauce getrennt zum Sauerbraten reichen.

Schweinehaxe in

4 Schweinehaxen
Salz
Pfeffer
Öl
4 Zwiebeln
2 Möhren
1 Stück Sellerie
2 Lorbeerblätter
1/2 Tl Kümmel
250 ml Altbier
50 ml Fleischbrühe
1 El Löwensenf
1 El Mehl

Den Backofen auf 200 °C vorheizen. Die Haxen mit Salz und Pfeffer einreiben. In einen Bräter mit wenig Öl legen und im vorgeheizten Backofen bei 200 °C etwa 40 Minuten braten. Zwiebeln, Möhren und Sellerie putzen, schälen und klein schneiden. Nach 40 Minuten Zwiebeln und Gemüse mit den Lorbeerblättern und dem Kümmel zu den Haxen geben, 10 Minuten mitbraten. Das Altbier und die Brühe hinzugießen und

Altbiersauce

bei 150 °C noch 1 Stunde weiter schmoren. Haxen herausnehmen und warm halten. Den Senf in den Bratensaft hineinrühren. Das Mehl mit etwas Wasser verrühren und den Bratenfond damit binden. Alles einmal kräftig durchkochen, Sauce passieren und zu den Haxen servieren Dazu schmecken Bratkartoffeln und ein grüner Salat.

Wellfleisch mit

3 Zwiebeln
600 g Schweinebauch
6 Nelken
3 Lorbeerblätter
Salz
600 g Kartoffeln
600 g Sauerkraut
10 Wacholderbeeren
150 ml Weißwein
1 Tl Zucker
Pfeffer
100 g durchwachsenen Speck
40 g Mehl
150 ml warme Milch
50 g Butter
Muskatnuss

Zwei Zwiebeln schälen und klein würfeln. Den Schweinebauch und die Zwiebeln mit 4 Nelken und 2 Lorbeerblättern in Salzwasser etwa 1 1/2 Stunden gar kochen lassen. Kartoffeln schälen, waschen und 20 Minuten in Salzwasser kochen lassen. Sauerkraut in einen Topf geben. Restliche Zwiebel schälen, in Scheiben schneiden und mit den restlichen Nelken, Lorbeerblättern und den zerdrückten Wacholderbeeren zum Sauerkraut geben. Wein, Zucker, Salz

Sauerkraut

und Pfeffer zufügen und etwa 30 Minuten kochen lassen. In der Zwischenzeit den Speck in kleine Würfel schneiden und in einer Pfanne ohne Fett ausbraten. Mit Mehl bestäuben und unter das Kraut mischen. Die gegarten Kartoffeln abgießen und anschließend durch eine Kartoffelpresse drücken. Kartoffelmasse mit der warmen Milch und der Butter glatt rühren und mit Salz und frisch geriebener Muskatnuss abschmecken. Das Wellfleisch herausnehmen, in Scheiben schneiden und warm halten. Kartoffelpüree und Sauerkraut mit Wellfleisch auf Tellern anrichten und servieren.

Hämmche mit

3 Zwiebeln
4 gepökelte Schweinehaxen
4 Wacholderbeeren
3 schwarze Pfefferkörner
2 Lorbeerblätter
1 Prise Salz
30 g Butterschmalz
1 kg frisches Sauerkraut
250 ml Weißwein

Zwei Liter Wasser in einem großen Topf zum Kochen bringen. Die Zwiebeln schälen und vierteln. Die Schweinehaxen waschen, abtrocknen und mit den Zwiebeln in das kochende Wasser geben. Die Wacholderbeeren und die Pfefferkörner in einem Mörser etwas zerdrücken und mit den Lorbeerblättern und Salz zu den Haxen in das Wasser geben. Alles etwa 1 Stunde kochen lassen. Das Butterschmalz in einem Topf erhitzen. Das Sauerkraut

suure Kappes

mit einer Gabel etwas auseinanderzupfen und in das heiße Butterschmalz geben. Unter Rühren darin 5 Minuten schmoren lassen. Den Wein langsam zugießen und das Sauerkraut einmal kräftig durchkochen lassen. Wenn die Haxen gar sind, aus dem Kochsud herausnehmen und zu dem Sauerkraut in den Topf geben. Alles zugedeckt weitere 30 Minuten köcheln lassen. Die Haxen sind gar, wenn sich das Fleisch mühelos von den Knochen lösen lässt. Hämmchen mit Kraut isst man traditionell mit Kartoffelpüree und viel Senf.

Rheinischer

1 Hasenrücken
50 g fetter Speck
Salz
Pfeffer
3 El Butterschmalz
1 Zwiebel
1 El Mehl
200 ml Buttermilch
1 Zitrone

Das Fleisch von Haut und Sehnen befreien und abtupfen. Den Speck in Streifen schneiden und den Hasenrücken damit spicken. Mit Salz und Pfeffer einreiben. Das Butterschmalz in einem Bräter erhitzen und den Hasenrücken darin von allen Seiten anbraten. Die Zwiebel schälen und in kleine Würfel schneiden. Zum Fleisch geben und den Braten abgedeckt etwa 30 Minuten braten. Zwischendurch mehrmals mit Bratensaft

Hasenbraten

begießen. Den Bratenfond aufkochen, das Mehl in der Buttermilch anrühren und den Fond damit unter Rühren binden. Mit Salz und Pfeffer abschmecken. Die Zitrone heiß abwaschen und in Scheiben schneiden.

Den Hasenrücken mit Zitronenscheiben garnieren und mit der Sauce servieren. Dazu Nudeln und Rotkohl reichen.

Hasenpfeffer

1 küchenfertiger Hase von 4 kg
4 Zwiebeln
1 Möhre
8 Pfefferkörner
250 ml roter Weinessig
250 ml Rotwein
2 cl Weinbrand
200 g durchwachsener Speck
1 Bund Suppengrün
250 ml Fleischbrühe
Salz
50 g Honigkuchen
3 El Johannisbeergelee
100 g Backobst

Den Hasen in handtellergroße Stücke zerlegen. Die Zwiebeln schälen und 2 in sehr dünne Ringe schneiden. Die Möhre putzen, waschen, schälen und in Streifen schneiden. Fleisch, Zwiebelringe, Möhren und Pfefferkörner abwechselnd in einen Steinguttopf oder eine Schüssel schichten. Eine Marinade aus Weinessig, Rotwein und Weinbrand über das Fleisch gießen. Zugedeckt 4–5 Stunden ziehen lassen. Den Speck fein würfeln und in einem großen Topf auslassen. Die Hasenteile aus der Beize nehmen und gut trockentupfen. 10 Minuten im Speck rundherum braun anbraten. Die restlichen beiden Zwiebeln würfeln. Das Suppengrün putzen, waschen beziehungsweise schälen und würfeln. In den Topf geben und 5 Minuten mit anbraten. Die Fleischbrühe dazugießen, leicht salzen. Den Topf schließen und den Hasenpfeffer 1 Stunde gar schmoren. Inzwischen für die Sauce den Honigkuchen fein reiben. Die Fleischstücke nach der Garzeit aus dem Topf nehmen und in einer Schüssel warm stellen. Den Schmorfond durch ein Sieb in einen Topf passieren, einmal aufkochen lassen. 4 El Beize mit dem Johannisbeergelee glatt rühren. Das Backobst fein hacken und mit dem Honigkuchen in den Fond geben. Unter Rühren zu einer sämigen Sauce kochen. Die Sauce über das Hasenfleisch gießen und mit Klößen servieren.

Rheinische

1 Gans mit Herz und Leber
Salz
Pfeffer
200 g getrocknete Aprikosen
250 g Backpflaumen ohne Stein
5 Zwiebeln
175 g durchwachsener Speck
50 g Butter
4 El gehackte glatte Petersilie
4 Zweige Thymian
4 Zweige Rosmarin
1 Stange Porree
1 kleiner Knollensellerie
200 g Petersilienwurzel
Mehl
Holzstäbchen

Aus der Gans Innereien und Fett herauslösen. Fett beiseite stellen. Innereien putzen und waschen. Gans waschen, abtrocknen und mit Salz und Pfeffer würzen. Backofen auf 200 °C vorheizen. Trockenobst klein schneiden,

Martinsgans

Zwiebeln schälen und fein würfeln, Speck und Gänseleber ebenfalls würfeln. Speckwürfel in der Butter glasig dünsten, Zwiebeln mitbraten. Petersilie zugeben, Trockenfrüchte und Gänseleber unterrühren. Kräuter waschen, trockenschütteln, Blättchen von den Stielen zupfen, untermischen und die Füllung mit Salz und Pfeffer würzen. Füllung in die Gans geben, mit Holzstäbchen verschließen. Gans auf dem Rücken in die Fettpfanne des Backofens legen. Innereien klein schneiden. Gemüse putzen, waschen und zerkleinern. Innereien und Gemüse um die Gans herumlegen. Brusthaut mit einer Nadel einstechen. 150 ml heißes Wasser angießen. Gans im Backofen bei 200 °C etwa 3 Stunden braten, dabei häufig begießen. 45 Minuten vor Garzeitende Temperatur auf 225 °C erhöhen. Die gegarte Gans auf ein Rost legen, wieder in den Ofen geben und ein Blech darunter schieben.

Inhalt der Saftpfanne entfetten. Röststoffe mit 250 ml Wasser lösen, zur Sauce geben, aufkochen, durchsieben, mit Mehl binden und 5 Minuten kochen lassen. Gans tranchieren und mit Rotkohl und Klößen servieren.

Hähnchen in süß-saurer Sauce

1 küchenfertiges Hähnchen (ca. 1,5 kg)
Salz, Pfeffer
2 El Butterschmalz
3 El Essig
150 ml Weißwein
250 ml Sahne
1/2 El Speisestärke
2 El frisch geschnittener Schnittlauch
1 El Zucker

Das Hähnchen trockentupfen und mit Salz und Pfeffer einreiben. Dann in vier Teile schneiden. Das Butterschmalz in einer Pfanne erhitzen und die Hähnchenteile darin von allen Seiten gut anbraten. Bei geringer Temperatur etwa 30 Minuten gar schmoren. Aus der Pfanne nehmen und warm stellen. Den Bratfond mit Essig und Wein auffüllen und aufkochen. Die Sahne hinzufügen und die Sauce etwas reduzieren, Speisestärke in etwas Wasser rühren und die Sauce binden. Mit Schnittlauch verfeinern und nach Bedarf mit Zucker abschmecken. Die Hähnchenteile mit der Sauce servieren. Dazu Reis reichen.

Kölsche Kaviar

600 g geräucherte Blutwurst
4 Zwiebeln
4 Gewürzgurken
scharfer Senf
40 g Butter
4 Röggelchen

Die Blutwurst schälen und in Scheiben schneiden. Anschließend klein würfeln. Die Zwiebeln schälen und in feine Ringe schneiden. Blutwurstwürfel und Zwiebelringe auf Tellern anrichten. Gewürzgurken blättrig schneiden und ebenfalls auf den Tellern anrichten. Mit 1 El scharfem Senf garnieren. Dazu isst man traditionell gebutterte Röggelchen (kleine Roggenbrötchen) oder auch frisches Graubrot. Dieses Gericht eignet sich hervorragend für Party-Buffets oder ein schnelles Abendessen.

Fisch

Heringsstipp

4 küchenfertige Salzheringe (à 200 g)
150 g Perlzwiebeln (aus dem Glas)
100 g Mayonnaise
5 El Sauerrahm
Saft von 1 Zitrone
Salz
Pfeffer
Piment
2 Senfgurken
2 hart gekochte Eier

Die Heringe waschen und trockentupfen. Haut und Gräten entfernen. Die Filets über Nacht wässern. Am nächsten Tag abtropfen lassen, in Stücke schneiden und in eine Schüssel legen. Die Zwiebeln halbieren und dazugeben. Die Mayonnaise mit Sauerrahm und Zitronensaft verrühren und über die Fische gießen. Mit Salz, Pfeffer und Piment würzen. Die Senfgurken in Würfel schneiden. Die Eier pellen und ebenfalls würfeln. Gurken- und Eierwürfel unter den Heringsstipp mischen und im Kühlschrank etwa 3 Stunden durchziehen lassen. Dazu Pellkartoffeln und frische Butter reichen.

Saure Heringe mit

500 ml Milch
2 El Mehl
75 g Speck
2 Zwiebeln
Salz
Pfeffer
4 saure Heringe

Die Milch in einen Topf geben und zum Kochen bringen. Das Mehl mit 4 Esslöffeln Wasser mischen und die Milch damit unter Rühren binden. Den Speck in Würfel schneiden und in einer Pfanne ohne Fett auslassen. Zwiebeln schälen, hacken und im Speckfett glasig dünsten. Die Speckzwiebeln in die Sauce geben und gut unterrühren. Mit Salz und Pfeffer

Speck-Zwiebelsauce

abschmecken. Die sauren Heringe auf Tellern anrichten und mit der Sauce überziehen. Dazu Salzkartoffeln und grünen Salat reichen.

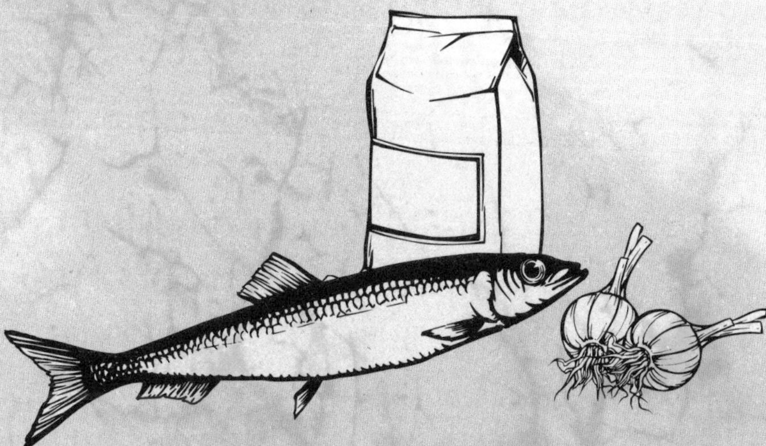

Bratheringe

8 küchenfertige frische Heringe
2 Tl Salz
Pfeffer
4 El Sonnenblumenöl
2 Zwiebeln
250 ml Weißweinessig
1 El Senfkörner
8 Pfefferkörner
8 Pimentkörner
1 Lorbeerblatt

Die Heringe gut waschen und trockentupfen. Außen und innen mit 1 Teelöffel Salz und Pfeffer einreiben. Das Öl in einer Pfanne erhitzen und die Fische darin von allen Seiten gut braten. Anschließend auf Küchenpapier abtropfen und abkühlen lassen. Die Bratheringe in eine große Auflaufform legen. Die Zwiebeln schälen und in Ringe schneiden, zu den Fischen geben. 150 ml

in Marinade

Wasser mit dem Essig und den Gewürzen etwa 2 Minuten köcheln lassen. Die abgekühlte Marinade über die Bratheringe gießen, mit Folie abdecken und im Kühlschrank 4 Tage durchziehen lassen.

Gebackener Aal

1 küchenfertiger Aal
Salz
Pfeffer
1 Tl gemahlene Muskatnuss
1 Tl Kardamom
5–6 frische Salbeiblätter
50 g Mehl
3 El Butterschmalz
1 Prise Nelkenpulver
Holzstäbchen
1/2 Bund Petersilie

Den Aal nach Bedarf häuten, abspülen und trockentupfen. Mit Salz und Pfeffer einreiben, dann mit gemahlener Muskatnuss und Kardamom bestreuen. Den Aal aufrollen, dabei die Salbeiblätter dazwischenlegen. Die Aalrolle mit Holzstäbchen kreuzweise feststecken (dickere Aale in Stücke schneiden und die Salbeiblätter um den Aal legen). Mehl auf einen Teller geben und den Aal darin wenden. Das Butterschmalz in einem Bräter erhitzen und die Aalrolle darin von allen Seiten etwa 15 Minuten backen. Zuletzt mit Nelkenpulver bestreuen. Zum Aal geschmolzene Butter und knuspriges Weißbrot oder Pellkartoffeln reichen. Petersilie waschen und trockenschleudern. Den Aal damit garnieren.

Gedämpfte

4 kg Muscheln
200 g Möhren
200 g Lauch
2 Zwiebeln
2 Knoblauchzehen
4 Zweige Petersilie
3 El Olivenöl
1 Flasche Weißwein
1 Tl Senf
1/2 Tl Cayennepfeffer

Die Muscheln unter fließendem Wasser putzen und die Bärte entfernen. Gut waschen und geöffnete Muscheln wegwerfen. Die Möhren putzen , waschen, schälen und würfeln. Den Lauch putzen, waschen und in Ringe schneiden. Die Zwiebel schälen und in Ringe schneiden. Den Knoblauch schälen und hacken. Die Petersilie waschen, trockenschütteln und ebenfalls hacken. Das

Miesmuscheln

Öl in einem großen Topf erhitzen und Möhren, Lauch und Zwiebeln darin andünsten. Zuerst Knoblauch und Petersilie, dann die Muscheln dazugeben. Zum Schluss den Weißwein zugießen. Bei geringer Temperatur und geschlossenem Deckel die Muscheln etwa 15 Minuten garen. Vor dem Servieren noch geschlossene Muscheln entfernen. Den Muschelsud mit Senf und Cayennepfeffer verfeinern. Dazu Schwarzbrot und Butter reichen.

Flussbarsch

800 g Flussbarschfilets
Salz
Pfeffer
1 El Honig
1 Tl getrockneter Koriander
2 Schalotten
20 g Butter zum Einfetten
250 ml Fischfond (FP)
250 ml Kölsch
70 g Crème fraîche
2 El frische Korianderblätter

Den Backofen auf 180 °C (Umluft 160 °C) vorheizen. Den Fisch waschen, trockentupfen und in 8 Stücke teilen. Fisch mit Salz und Pfeffer würzen und mit Honig bestreichen. Koriander darüber streuen. Die Schalotten schälen und fein würfeln. In eine gefettete Auflaufform zuerst die Schalotten, dann den Fisch legen. Mit Fischfond und Bier auffüllen und im Ofen etwa 20 Minuten garen.

mit Kölschsauce

Anschließend den Fisch aus der Form nehmen und warm stellen. Den Fond durch ein Sieb in einen Topf passieren. Die Crème fraîche einrühren und alles aufkochen lassen. Sauce mit Salz und Pfeffer würzen und mit Korianderblättchen verfeinern. Die Fischstücke auf 4 Teller verteilen und die Sauce darüber geben. Mit Karottengemüse und neuen Kartoffeln servieren.

Barsch

4 mittelgroße, küchenfertige Barsche
4 El Zitronensaft
Salz
Pfeffer
100 g Mehl
4 El Butterschmalz

Die Fische mit Zitronensaft beträufeln und innen und außen mit Salz und Pfeffer einreiben. Die Fische dann etwa 60 Minuten in den Gefrierschrank legen. Mit einem sehr scharfen, dünnen Messer mehrere Schnitte vom Rücken bis zum Bauch im Abstand von etwa 1 cm anbringen.

aus der Pfanne

Anschließend die Fische im Mehl wenden. Butterschmalz in einem Bräter erhitzen und jeden Fisch etwa 15 Minuten braten. Mit Bratkartoffeln und Rote-Bete-Salat servieren.

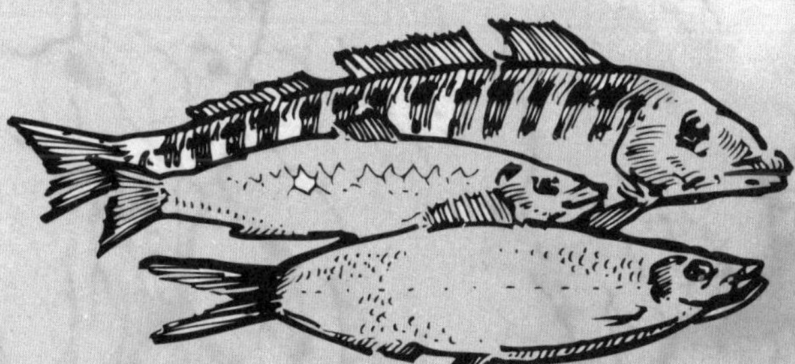

Kabeljau

500 g Kabeljaufilet
Salz
weißer Pfeffer
8 dünne Scheiben Bauchspeck
Mehl
3 El Butterschmalz

Den Fisch waschen und trockentupfen. Das Filet in 4 Teile teilen und mit Salz und Pfeffer einreiben. Jedes Filetstück in 2 Scheiben Bauchspeck wickeln und mit Mehl bestäuben. Das Butterschmalz in einer Pfanne erhitzen und die Fischfilets darin von beiden Seiten

im Speckmantel

braten. Den Kabeljau in Speckhülle mit Kartoffelpüree und Rübstielmus servieren.

Hecht in Sahnesauce

100 g Speck
800 g Hechtfilet
1 El Zitronensaft
Salz
Pfeffer
50 g Mehl
50 g Butter
500 ml trockener Weißwein
200 ml Fischfond
1 El Speisestärke
200 ml saure Sahne

Den Speck in Scheiben schneiden. Die Fischfilets mit Zitronensaft beträufeln und mit Salz und Pfeffer würzen.
Mit den Speckscheiben umwickeln und anschließend in Mehl wenden.
Die Butter in einem Bräter erhitzen und die Fischfilets darin von beiden Seiten etwa 3 Minuten braten.
Wein und Fischfond angießen und die Hechtfilets darin weitere 15 Minuten dünsten. Dann aus dem

Bräter nehmen und warm stellen. Den Kochsud durch ein Sieb gießen. Die Speisestärke mit der sauren Sahne verrühren und den Kochsud damit binden. Aufkochen und mit Salz und Pfeffer abschmecken. Sauce zu den Fischfilets servieren.

Gebratene Heringe

8-10 küchenfertige Heringe
Salz
100 g Mehl
5 El Öl

Die Köpfe der Heringe abschneiden, den Rücken quer mit mehreren Einschnitten versehen. Die Fische mit Salz einreiben. Das Mehl auf einen Teller geben und die Fische darin wenden. Das Öl in einem Fischbräter erhitzen und die Fische nacheinander darin knusprig braun braten. Mit Bratkartoffeln oder Kartoffelsalat servieren.

Desserts und Backwaren

Süße Mathilde

4 große Pfirsiche
4 Löffelbiskuits
50 g Puderzucker
40 g gehackte Haselnüsse
60 g kandierte Früchte
100 ml Sherry medium dry

Die Pfirsiche einige Sekunden in kochendes Wasser halten, dann herausnehmen und schnell in sehr kaltes Wasser tauchen. Die Pfirsiche häuten, Früchte halbieren und den Stein vorsichtig herausnehmen. Die Biskuits zerkleinern und mit Puderzucker und Haselnüssen mischen. Kandierte Früchte fein hacken und untermischen. Den Backofen auf 160 °C (Umluft 140 °C) vorheizen. Den

(Gefüllte Pfirsiche)

Sherry in eine Auflaufform gießen. Die Löffelbiskuitfüllung in die Pfirsichhälften geben und diese in die Auflaufform setzen. Die Früchte im Ofen etwa 25 Minuten backen, bis die Füllung goldbraun ist. Heiß servieren.

Rosinenbrot

125 g Rosinen
1 cl Rum
500 g Weizenmehl
40 g Hefe
250 ml Buttermilch
1 El Zucker
1 El Salz
100 g Butterschmalz
Fett für die Form

Die Rosinen heiß waschen und mit dem Rum tränken. Alle Zutaten bis auf die Rosinen in eine Rührschüssel geben und zu einem glatten Teig verarbeiten. Zuletzt die Rosinen unterkneten. Den Teig abgedeckt an einem warmen Ort etwa 30 Minuten gehen lassen. Danach nochmals gut durchkneten und in eine gefettete Kastenform füllen. Den Teig erneut gehen lassen. Den Backofen auf 200 °C (Umluft 180 °C) vorheizen. Die Oberfläche des Rosinenbrotes rautenförmig einschneiden, dann im Ofen, untere Einschubleiste, etwa 40 Minuten backen. Nach dem Backen das Rosinenbrot nach Geschmack mit Zuckerwasser bestreichen.

Mutzemandeln

100 g Butter
75 g Zucker
3 Eigelb
3 El saure Sahne
375 g Mehl
1/2 P. Backpulver
1/2 Tl gemahlener Kardamom
50 g geriebene Mandeln
1 Prise Salz
Butterschmalz
Puderzucker
Mehl zum Ausrollen

Die Butter mit dem Zucker schaumig rühren. Nach und nach die Eigelb und die saure Sahne darunter rühren. Das Mehl mit dem Backpulver und dem Kardamom vermischen. Anschließend mit den Mandeln, dem Salz und der schaumig gerührten Butter zu einem Mürbeteig kneten. Teig mindestens 30 Minuten kalt stellen. Butterschmalz auf 180 °C erhitzen. Das Fett ist heiß genug, wenn sich an einem Holzlöffel kleine Bläschen bilden. Den Mutzenteig auf etwas Mehl etwa 1 cm dick ausrollen und mit einer Mutzemandelform oder von Hand Mutzen ausstechen. Mutzen im heißen Butterschmalz etwa 3–4 Minuten goldbraun ausbacken.

Anschließend auf Küchenpapier abtropfen lassen. Mutzen noch warm in Puderzucker wenden und servieren.

Kirschkuchen

300 g Mehl
1 Tl Backpulver
250 g Zucker
1 Päckchen Vanillinzucker
5 Eier
500 g Kirschen
300 ml saure Sahne
1 Packung Vanillepudding
Puderzucker
150 g Sahne

Aus Mehl, Backpulver, 100 g Zucker, Vanillinzucker und einem Ei einen Knetteig bereiten, und in Folie wickeln. 30 Minuten kühl ruhen lassen. Eine Springform mit dem Teig auslegen, dabei einen Rand stehen lassen.
Den Tortenboden mit einer Gabel mehrmals einstechen. Die Kirschen waschen, entsteinen und auf dem Tortenboden verteilen. Für den Guss saure Sahne, restlichen Zucker

und 4 Eier mit Vanillepuddingpulver verrühren und über den Kirschen verteilen. Den Kuchen in den kalten Ofen stellen und auf der mittleren Schiene bei 200 °C (Umluft 180 °C) etwa 50 – 60 Minuten backen, danach noch 10 Minuten im ausgeschalteten Backofen stehen lassen. Mit Puderzucker bestreuen und mit Schlagsahne servieren.

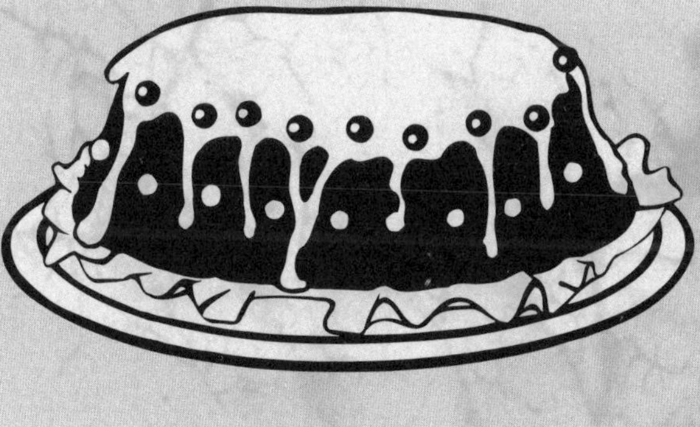

Apfelkuchen

300 g Mehl
160 g Butter
1 Ei
140 g Zucker
1 kg Äpfel
2 El Mandelblättchen
1 Tl Zimt

Aus 100 g Mehl, 60 g Butter, dem Ei und 60 g Zucker einen Mürbeteig herstellen. 30 Minuten ruhen lassen. Dann eine Springform (24 cm Ø) damit auslegen und einen Rand stehen lassen. Die Äpfel schälen, das Kerngehäuse entfernen und die Äpfel grob raspeln. Mit 2 Esslöffeln Zucker und den Mandeln mischen und auf den Mürbeteigboden verteilen. Den Backofen auf 200 °C (Umluft 180 °C) vorheizen. Aus restlichem

aus Zyfflich

Mehl, zerlassener restlicher Butter, Zucker und Zimt Streusel bereiten und auf den Kuchen geben. Im Ofen etwa 40 Minuten backen, bis die Streusel leicht gebräunt sind. Den Kuchen warm servieren. Dazu Vanilleeis und Sahne reichen.

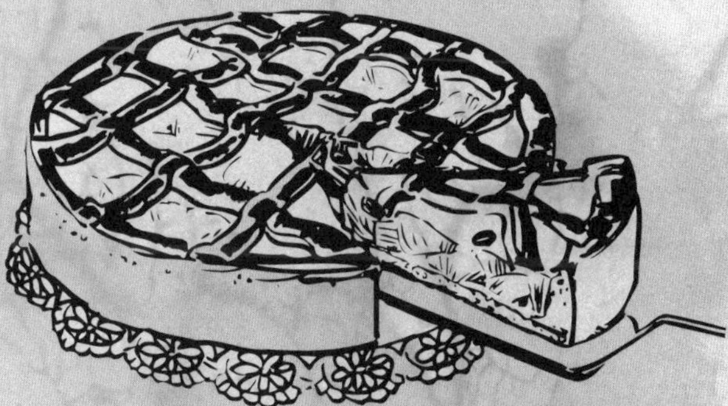

Buttermilchkuchen

3 Eier
350 g Zucker
750 g Mehl
1 Päckchen Backpulver
400 ml Buttermilch
125 g Butter
300 g Mandelblättchen

Die Eier mit 250 g Zucker verrühren. Das Mehl mit dem Backpulver mischen und dazu sieben. Die Buttermilch einrühren und einen geschmeidigen Teig herstellen. Den Backofen auf 200 °C (Umluft 180 °C) vorheizen. Ein Backblech mit Backpapier auslegen und den Teig darauf verteilen. Den Kuchen im Ofen etwa 10 Minuten backen. In der Zwischenzeit die Butter schmelzen und restlichen Zucker sowie die Mandelblättchen darin erhitzen. Den Kuchen aus dem Ofen nehmen, die Mandelmasse darauf streichen und den Kuchen weitere 10 Minuten backen.

Apfelpfannkuchen

- 4 Äpfel
- 1 El Rosinen
- 60 g Zucker
- Zimt
- 4 Eier
- 400 ml Milch
- 300 g Mehl
- Salz
- Butter
- Zimtzucker

Die Äpfel schälen und das Kerngehäuse mit einem Apfelausstecher entfernen. Die Äpfel in dünne Scheiben schneiden und mit den Rosinen, dem Zucker und etwas Zimt bestreuen und abgedeckt etwa 20 Minuten ziehen lassen. Die Eier trennen. Das Eigelb mit der Milch verquirlen, das Mehl und wenig Salz dazugeben und alles zu einem glatten Pfannkuchenteig verrühren. Das Eiweiß steif schlagen und locker unter den Teig heben. Etwas Butter in einer Pfanne erhitzen und etwa 1/4 der Apfelmischung vorsichtig in die Pfanne hineingeben. Die Apfelscheiben sollen möglichst heil bleiben. Etwa 1/4 des Pfannkuchenteiges darüber verteilen. Alles bei mittlerer Hitze von beiden Seiten etwa 3–4 Minuten zu einem goldbraunen Pfannkuchen braten. Den Pfannkuchen herausnehmen, auf einen Teller gleiten lassen, mit etwas Zimtzucker bestreuen und warm stellen. Die übrige Teigmasse und die gezuckerten Äpfel nacheinander ebenso verarbeiten. Die Pfannkuchen jeweils nach dem Backen mit Zimtzucker bestreuen und warm servieren.

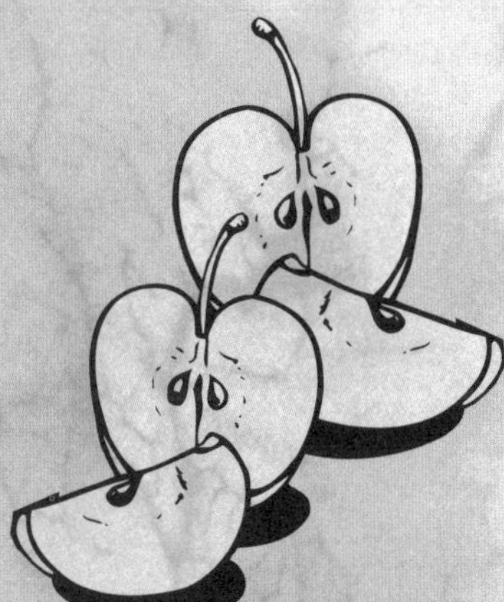

Bollebäuchskes

4 Äpfel
2 Eier
250 g Mehl
100 ml Milch
2 El Zucker
Salz
250 ml Frittieröl
Zimt

Die Äpfel schälen, das Kerngehäuse entfernen und die Äpfel in nicht zu dünne Scheiben schneiden. Die Eier trennen. Eigelb, Mehl, Milch, Zucker und 1 Prise Salz zu einem dickflüssigen Teig verarbeiten. Eiweiß steif schlagen und unter den Teig heben. Die Apfelscheiben hineintauchen, sodass sie ganz mit Teig umgeben sind. Das Frittierfett in einem großen Topf auf 180 °C

erhitzen. Die Bollebäuchs-
kes darin goldbraun aus-
backen. Mit Zucker und
Zimt bestreut servieren.

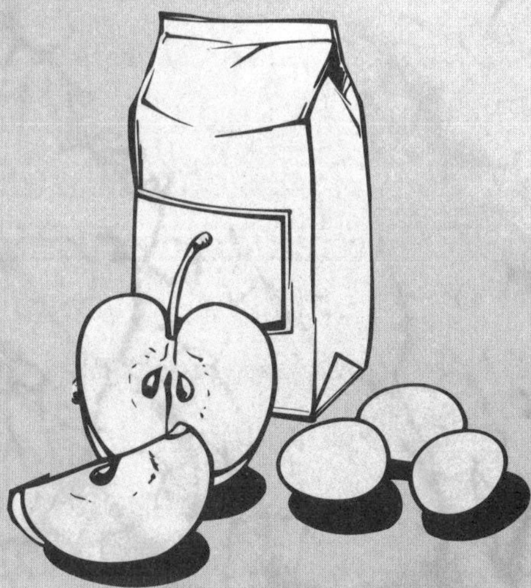

Weckmänner

250 ml Milch
40 g Hefe
75 g Zucker
500 g Mehl
2 Eigelb
1 Prise Salz
100 g Butter
Korinthen oder Rosinen

Die Milch handwarm erwärmen, die Hefe hineinkrümeln und mit 1 Tl Zucker glatt verrühren, beiseite stellen. Inzwischen das Mehl in eine Schüssel geben, den restlichen Zucker, 1 1/2 Eigelb und das Salz hinzufügen. Die Butter zerlassen und ebenfalls zum Mehl in die Schüssel geben. Die Hefemilch unter die Mehlmischung rühren und alles mit den Knethaken des Handrührgerätes zu einem glatten Hefeteig kneten. Den Hefeteig so lange kneten, bis er sich vom Schüsselrand löst, eventuell noch etwas Mehl dazugeben. Teig mit etwas Mehl bestäuben und zugedeckt an einem warmen Ort etwa 20 Minuten gehen lassen. Anschließend den Teig kräftig durchkneten und auf einer mit Mehl bestäubten Arbeitsfläche etwa 1,5 cm dick ausrollen. Aus dem Hefeteig mit Hilfe einer einfachen Schablone 6 Weckmänner ausschneiden und auf 2 gefettete Backbleche legen. Weckmänner abgedeckt nochmals etwa 20 Minuten gehen lassen. Den Backofen auf 225 °C vorheizen. Das halbe Eigelb mit etwas Wasser oder Milch verquirlen und die Weckmänner damit bestreichen. Mit Korinthen oder Rosinen den Weckmännern Augen, Nase und Mund geben. Weckmänner anschließend im vorgeheizten Backofen bei 200 °C etwa 20 Minuten backen lassen. Weckmänner werden traditionell zu Sankt Martin gegessen.

Quittensorbet

75 g Zucker
1 El Honig
2 El Weißwein
150 g Quittenfruchtfleisch
2 cl Sekt

Den Zucker in 125 ml Wasser aufkochen und unter Rühren auflösen lassen. Den Honig und den Weißwein unter das Zuckerwasser rühren.
Das Quittenfruchtfleisch in einem Topf mit etwas Wasser etwa 10 Minuten garen. Dann pürieren und zum Zuckerwasser geben. In eine Schale füllen und im Gefrierfach mindestens 5 Stunden gefrieren lassen.

Nach 30 Minuten einmal durchrühren. Vor dem Servieren leicht antauen lassen. Zuletzt den Sekt unter das Sorbet heben.

Vanille-Schoko-

1 Packung Vanille-pudding (40 g)
1 Ei
5 El Zucker
1 Päckchen Vanillinzucker
4 Tropfen Vanillearoma
400 ml Sahne
1/2 Tafel Mandel-schokolade
2 cl Cognak
1 Päckchen Schoko-streusel

Den Vanillepudding nach Packungsanweisung zubereiten und das Ei unterrühren. Den Pudding vom Herd nehmen, Zucker, Vanillinzucker und Vanillearoma unterrühren. Den Pudding in ein größeres Gefäß geben und luftdicht mit einer Folie abdecken, damit sich keine Haut bildet. Die Sahne steif schlagen und die Schokolade fein hacken. Nach dem Erkalten

Pudding

den Pudding mit dem Mixer verrühren und die Sahne unterheben. Mandelschokolade unterheben und mit dem Cognak verfeinern. Mit Schokostreuseln servieren.

Moppen

150 g Zucker
1 Prise Salz
200 g Honig
60 g Butter
400 g Mehl
1/2 Päckchen Backpulver
125 g gehackte Mandeln
Mark von einer
1/2 Vanilleschote
1 Tl gemahlene Nelken
1 Tl Zimtpulver
2 Eier
Öl zum Einfetten

Zucker, Salz, Honig und Butter in einem Topf verrühren und erhitzen. Danach abkühlen lassen. Das Mehl mit dem Backpulver mischen und in eine Schüssel sieben. Mandeln, Vanillemark, Nelken- und Zimtpulver unterheben. In die Mitte der Mehlmischung eine Mulde drücken und die Honig-Butter-Masse sowie die Eier hineingeben. Von außen nach innen die Zutaten zu einem glatten Teig verkneten. Den Teig abgedeckt über Nacht an einem kühlen Ort ruhen lassen. Den Backofen auf 180 °C (Umluft 160 °C) vorheizen. Ein Backblech einfetten, kleine Teigstücke abteilen und zu pflaumengroßen Kugeln formen. Die Kugeln aufs Blech legen und im Ofen etwa 15 Minuten backen. Anschließend abkühlen lassen. Die Moppen in Blechdosen aufbewahren, bis sie weich sind.

Grillaschtorte

4 Eiweiß
150 g Zucker
200 g Krokant
200 g dunkle Kuvertüre
750 ml Sahne
100 g Schokoladenraspel

Eiweiß sehr steif schlagen, dann nach und nach den Zucker hinzufügen. Den Backofen auf 100 °C (Umluft 80 °C) vorheizen. Das Eiweiß auf ein mit Backpapier ausgelegtes Blech geben oder auf zwei Springformen verteilen. Krokant auf die Böden streuen und im Ofen etwa 2 Stunden fest werden lassen. Tortenböden auskühlen lassen. Die Kuvertüre im Wasserbad schmelzen und die Tortenböden auf der Unterseite damit bestreichen. Abkühlen lassen. Die Sahne steif schlagen und die Schokoraspel vorsichtig unterheben. Um den ersten Baiserboden (Schokoladenseite nach unten, Krokant nach oben) einen Papier-Tortenrand legen. Die Hälfte der Sahnemasse darauf geben, den zweiten Baiserboden darauf legen und mit der Sahnemasse bestreichen. Etwas Sahne zurückbehalten und den Tortenrand damit versehen (Papierrand vorher entfernen).

Die Grillaschtorte im Gefrierschrank mindestens 24 Stunden gefrieren lassen. Vor dem Servieren 5 Stunden auftauen

Buttermilchgelee

750 ml Buttermilch
(oder Sauermilch)
150 g Zucker
150 g gehackte Mandeln
40 g Gelatine
2 Äpfel
50 ml Weißwein
2 El Zucker
Zimt

Die Buttermilch mit dem Zucker und den Mandeln verrühren. Die Gelatine in 250 ml heißem Wasser unter Rühren auflösen und etwas abkühlen lassen. Wenn sie beginnt fest zu werden, unter die Buttermilch rühren und das Dessert auf Schalen verteilen. Die Äpfel waschen, schälen, die Kerngehäuse entfernen und das Fruchtfleisch in Spalten schneiden. Mit dem Wein und 2 El Zucker in einem Topf etwa 10 Minuten garen. Abkühlen lassen und auf dem Buttermilchgelee verteilen. Mit Zimt bestreut servieren.

Grießschnitten

375 ml Milch
100 g Schlagsahne
100 g Zucker
1 Prise Salz
100 g Hartweizengrieß
40 g Butter
375 g Rhabarber
125 ml Himbeersirup
Puderzucker zum Bestreuen
Fett für die Form

Für die Grießschnitten die Milch mit der Sahne, 50 g Zucker und Salz in einen Topf geben und aufkochen. Den Grieß einrühren und bei geringer Temperatur köcheln, bis der Grieß gequollen ist. 20 g Butter unter den Grieß rühren. Die Masse etwa 1 cm dick in eine gefettete Auflaufform streichen und abkühlen lassen. Den Rhabarber putzen, waschen, schälen und schräg in kleine Stücke schneiden. Den Himbeersirup in einem Topf aufkochen lassen. Rhabarberstücke hineingeben und etwa 1 Minute unter Rühren köcheln. Den Topf vom Herd nehmen und den Rhabarber im geschlossenen Topf etwa 10 Minuten garen. Mit dem restlichen Zucker abschmecken. Die Grießplatte auf ein Arbeitsbrett stürzen und in Dreiecke schneiden. Restliche Butter in einer Pfanne erhitzen. Grießschnitten portionsweise darin goldbraun braten. Die warmen Grießschnitten mit dem Rhabarberkompott servieren. Mit Puderzucker bestreuen.

Rheinisches Apfelmus

1 kg Äpfel
50 g Butter
2 El Zucker
Mark von 1/2 Vanilleschote
Saft von 1/2 Zitrone

Die Äpfel waschen, schälen, das Kerngehäuse entfernen und das Fruchtfleisch würfeln. Die Butter in einem Topf schmelzen und den Zucker hineingeben. Unter Rühren karamellisieren lassen. Die Apfelstücke, das Vanillemark und den Zitronensaft dazugeben und den Topf verschließen. Die Äpfel etwa 15 Minuten garen. Dann die Masse mit dem Kartoffelstampfer zerdrücken. Apfelmus warm oder kalt zu Reibekuchen oder Braten servieren.

niederrheinische Küche